DIE SCHÖNSTEN
MANDALAS
ZUM ENTSPANNEN

Zeit
zum
Entspannen

DIE SCHÖNSTEN
MANDALAS
ZUM ENTSPANNEN

Zeit
zum
Entspannen

8. Auflage 2024
Für die deutsche Ausgabe:
© 2019 Arena Verlag GmbH, Rottendorfer Str. 16, 97074 Würzburg
Alle Rechte vorbehalten
Zusammengestellt von Patience Coster
Für die Originalausgabe:
© 2018 Arcturus Publishing Limited, 26/27 Bickels Yard,
151–153 Bermondsey Street, London SE1 3HA
Gedruckt in China.

ISBN 978-3-401-71415-8
www.arena-verlag.de

EINLEITUNG

Dieses wunderschöne Malbuch vereint mehr als 60 verschiedene
Mandala-Designs. Manche haben klare Formen, andere sind dekorativ
verschnörkelt — so kannst du selbst auswählen, nach welchem Stil du
gerade malen möchtest.

Das Wort „Mandala" kommt aus dem Sanskrit, einer altindischen
Sprache. Frei übersetzt bedeutet es „Kreis", „Zentrum" oder „Rad".
Ein Mandala ist eine einfache geometrische Figur ohne Anfang und
Ende. Man kann Mandalas überall entdecken, zum Beispiel in den
Kristallen einer Schneeflocke oder im Sonnenlicht.

Es klingt seltsam, aber: Das Ausmalen der Mandalas fördert das
Wohlbefinden! Die runden Formen wirken entspannend, sie spenden
neue Energie und stärken das Selbstbewusstsein. Und sie
fördern die Kreativität beim Ausprobieren neuer Dinge.
Negativer Stress wird abgebaut.

Die Wirkung der Mandalas ist einfach
außergewöhnlich. Und das Schönste ist:
Es gibt keine Regeln. Lass deiner
Fantasie einfach freien Lauf ...